Magien

i

Intetheden

Magien i Intetheden

Meditative Metamorfoser

Indre Transformation

Lyrisk Kosmologi

Jørgen Finnemann

Magien i Intetheden
Meditative Metamorfoser
Indre Transformation
Lyrisk Kosmologi

Magien i Intetheden udkommer som anden del af trilogien Meditative Metamorfoser.
Metamorfoserne må benyttes med kildeangivelse til oplæsning, meditation og skriftlig gengivelse. De må ikke uden tilladelse benyttes i kommerciel sammenhæng.

Forlag: BoD – Books on Demand, København, Danmark
Tryk: BoD – Books on Demand, Norderstedt, Tyskland.
Isbn 9788743014942

Af samme forfatter
Meditative Metamorfoser I: De Syv Vise
Meditative Metamorfoser III: Det Evige NU – den ny verdens spiritualitet, udkommer 5. maj 2020
Livet omkring døden – støtte til pårørende (ikke udgivet manuskript fra 1990/2002).

Indholdsfortegnelse

Forord

Velkommen til en magisk rejse i bevidstheden. En rejse ind i de mange lag, vi kalder den højere bevidsthed eller vores sjælsbevidsthed. Og videre til Intetheden, et magisk punkt i bevidsthedsrummet, hvis vi da kan kalde det for et punkt. Det er et punkt, hvor alt forandres, et punkt, der findes inde i os alle, og det punkt, vi undersøgende træder ind i gennem de 12 magiske metamorfoser.

Metamorfoserne bærer energi. De egner sig til at sanse, mærke indad ved at blive læst langsomt, meditativt, med pauser, gerne flere gange. Lade dem stille glide ind i bevidsthedens dybere lag og mærke, hvad der sker.

Ja, for teksterne er forvandlingstekster, og de bygger videre på et verdens-billede, at vi har det hele inde i os, at den højere bevidsthed er en nøgle til at forstå os selv, og at den verden, vi ser omkring os, kosmos eller makro-universet, er en manifestation af en enhedsbevidsthed. Og mikrouniverset inde i os, vore celler, atomer og organer, ja det hele, er en manifestation af den samme enhedsbevidsthed.

De 12 metamorfoser afspejler forfatterens indre proces gennem ni måneder og er skrevet om natten, inspireret og sanset fra et sted, hvor dagsbevidst-heden er sat ud af kraft.

Metamorfoserne følger op på De Syv Vise og er anden del af en lille trilogi, Meditative Metamorfoser. Hver enkelt metamorfose kan læses og opleves uafhængigt af de øvrige, og de nummereres fortløbende, således at denne samling har nummer 8 – 19.

Nogle temaer går igen fra De Syv Vise, men teksterne bevæger sig videre i udforskningen af bevidstheden som del af en indre proces.

Det er mit håb at mange efterhånden vil åbne sig for energien.

God fornøjelse

Metamorfose 8

Jeg er Vejen, Sandheden og Livet

Jeg er Vejen, Sandheden og Livet.
det er sådan det er, det er en essens

Det er essensen i den nye kristendom
at vi alle er Vejen, Sandheden og Livet
at vi er forbundne i den ene bevidsthed

Vi er en enhed i bevidsthed, det er vor sande identitet
den bevidsthed er trådt ind i mange dimensioner
den folder sig ud som et billede af Gud
et spejlbillede, vi genfinder som os

Sandheden om hvem vi er
om Livet, det ene Liv
Evigheden
Altet

Vi er trådt ind i et større univers
et univers i mange dimensioner
et univers af sjæl og ånd
inkarneret i en krop

et sjælens univers
et åndens univers
og den fysiske krop
den rummer det hele

Besvangringen, orgasmen
oplevelsen af glæden i enhed
det er hvad der åbner for det nye
jeg træder ind, genfødt i kærlighed

I kærlighed og accept løftes jeg ind i moders skød
genfødt, elsket, ventet, ventet som en guldklump
den vil være med til at bringe glæden til jord
den dybe indre glæde, The Pure Happiness
en energi, der gennemtrænger Altet

Glæden er vor sande eksistens på jord
skabe glæde, at få glæden til at blomstre
bringe menneskeheden tilbage til sig selv
ved at bringe mig tilbage til mig selv
finde ind til den, jeg i sandhed er
der er ingen adskillelse i livet

Jeg er den, jeg er
alt er ét

Det sker lige nu
det sker i pausen

Den jeg er
rummer det hele
det er genfødslen

At opdage
at opleve
JEG ER

Forbundet i en krop
den rummer alt, den gemmer alt
al viden og al visdom, ja den fulde Sandhed
at leve denne Sandhed, det er Vejen
ja at leve den, er Livet

Metamorfose 9

Fødsel og Genfødsel

Vi træder ind i den nye eksistens
ind i en helt ny form for eksistens
ind i en helt ny verden af erfaring
tanker og følelser hører til i kroppen
vi genskabes og vokser gennem erfaring

Barnet fødes
jeg genfødes
du genfødes

Vi genfødes her i Kristi navn i den universelle kirke
det er min proces og din proces, vi tager dette til os
erfarer det i os selv, det er selve guddommeligheden

En genfødsel
en stolen på underet

Kristus lever i mig
Kristus lever i dig
vi er opstandne
det er frelsen

Frelsen ligger i denne proces
at give slip, at give over
det er at blive fri

Jeg genfødes
jorden genfødes
jorden genfødes indefra
som et forår bryder livet frem
jorden genfødes gennem dig og mig

Kristusenergi
plasmaenergi
kærlighedsenergi

Gudskraft gennemtrænger Altet
Gudskraft gennemtrænger jorden
jorden spirer, pibler med det nye liv

Måne og sol
forbundne i dig
forbundne i mig
en magisk forbindelse
velsignes ved fuldmåne
livet folder sig ud i universet

Jorden er ny, Solen er ny, genfødte indefra
forbundet til Sirius A og til Sirius B
en magisk treenighed er født
stjerneuniverser genfødte
Mælkevejen genfødt
alt sker indefra
i dig, i mig

Mælkevejen transformeres gennem Jorden
Mælkevejen jubler, den har sin egen eksistens
den danser med Andromeda i en kosmisk dans

De forenes
de føder et barn
en galaktisk energi er skabt
som en fødsel i 8. og 9. dimension

Dette skal ikke forstås
det er en ren energi
lad det blot være
eller mærk det

Mærk energien i fødslen
den galaktiske fødsel inde i dig

Fødslen smitter
energien vibrerer
det mærkes i kosmos
trænger ind i de sorte huller
trænger ud igennem universet
trænger ud i universets fjerneste egne
ud, hvor intet er kendt af menneskeheden

Kosmos besvangres
Kosmos besvangret indefra
en kosmisk fødsel er undervejs
kimen fra jorden brænder igennem
beliver det kosmiske æg i det store urhav

Ægget er befrugtet
kosmos besvangret

Vi favner det æg med vor kærlighed
det vokser, det er, hvad det handler om

Den endelige fødsel sker lige her
kosmos føder et helt nyt univers
det er den proces, der er på vej

Tænk ikke i tid, tænk ikke i rum
tænk ikke på, hvad det handler om
gå blot ind i den fødsel som en indre proces

En åbning mod ånden, en fødsel af ånden
en åbning mod Gud, en fødsel af Gud
den åbning besvangrer os alle
på alle niveauer

Energien er høj,
vi tæller den ned
fra 12,11,10 via 9,8,7
til 6,5,4 og 3, 2, 1 i vor krop

Vi fuldender ringen og træder ned
forbinder os med nul – som også er tolv

Hvil i dette, den der mærker en sandhed

Metamorfose 10

Gudemennesket og de 7 Elementer

Jeg favner det kosmiske æg
i urhavet, hvor alt bliver skabt
det er en genfødsel af livet på jord
en genfødsel, der vibrerer gennem alt

Som skrevet står, er kosmos i brunst
det sitrer, vibrerer, nu hvor det sker

Kosmos møder sin genpart, sit anti-univers
andre universer jubler, synger og danser
ved tanken om den kosmiske forening
en forening af universelle polariteter
en forening i høje vibrationer
alt hører sammen i Gud

Foreningen tager tid, der er træghed i stoffet
der er træghed i tanken, i de tungere lag
foreningen er sket i de højere lag
pilgrimsrejsen har gjort sit
gjort hvad den skulle

Og I, der synger og danser med os i de himmelske sfærer
I er dem, der nu synger og danser i de himmelske sfærer
I står der som Guder, med fødderne plantet solidt på jord
hjerterne forbinder jer til himlen, hvor hovedet hviler
I er de Gudemennesker, der skal vandre på jord

I skal blot leve livet
leve i den strøm, der strømmer
den fortæller, hvad der er sandt for jer
og den fortæller, at alle tankeformer nu skal ændres
at alt skal være i overensstemmelse med den nye strøm

Elementerne træder ind i evolutionen
alt sameksisterer her i Det Evige Nu

Lemuria er en energi lige her og nu
den er manifesteret i hver eneste en
som jordelement og det første chakra
som fundament for et liv på vor jord
dit liv, mit liv, ja alles liv folder det ud

Og Atlantis er til stede lige her og nu
som vandelement og det andet chakra
vandet er manifesteret og renset, belivet
mærk vandet i dig, mærk at det strømmer
det strømmer som følelser, som livskraft, som sex
som en kraft, der vil bringe livet ind i en ny dimension

Og ilden er til stede, den lever i jer
som ildelement og det tredje chakra
det er solens kraft, der lever i ilden
det er ildens kraft, der lever i Solen

Solkulturer som Ægypten, bragte den ind
og ilden er det element, der bringer det ud
mærk ildens kraft, at den brænder derinde
dit engagement kommer ud gennem ilden

Forbundet til Kristus, forbundet til luftelementet
det fjerde element og det fjerde chakra i hjertet
er manifesteret gennem Buddha og Kristus
en kærlighed som del af dit indre væsen
en æra er udrundet med den nye fødsel
luftelementet er integreret på jorden
luftelementet er integreret i dig

Mærk energien op gennem kroppen
mærk jorden og vandet, ilden og luften
en fødsel er i gang, en indre fødsel i dig
en fødsel, der åbner til de øverste lag

Eteren er åbnet som det femte element
i jordisk tid hører det fremtiden til
og fremtiden lever i dig og i mig

Fortid og fremtid kendes af den
der åbner op og ser et billede klart
at alt er repræsenteret i det evige nu

Plasma er det 6. element
det er bygget op i mange
fremtiden, den er her og nu
den er at bygge elementerne op
det femte og sjette, eter og plasma
og det syvende, den rene kærlighed
eller kald det for kærlighedselementet

Den kærlighed er ikke af jordisk art
elementet bærer en kærlighed så ren
den rene ånd, der fylder mennesket op
den energi kender kun til den rene væren
en væren i kærlighed, vibrerer gennem alt

Den manifesterer som kærlighedskraft
en magisk kærlighed kender vi den som
en sammenhængskraft i hver enkelt af os

Det er de syv elementer, manifesteret i alle
de opbygger det menneske, I kender som jer
det Gudemenneske, som er er født ind i jer
det nye Gudemenneske er i dig og i mig

Du er det Gudemenneske i inkarnation
vi er det Gudemenneske i inkarnation

Det er bragt ind som ord, som energi
mærk det dybt inde, en resonans
og stol da på, hvad du mærker
lad det være din sandhed

Metamorfose 11

Foryngelsestemplets Magi

Træder ind gennem portalen, i et nyt univers
møder den rene søjle - er den rene søjle
af jord, af vand. af ild, af luft
af eter, af plasma, og af
kærlighedselement

Ser en tidslinje, fra Lyren og Vega
rensede, elskede, the Elders brænder igennem
fra Vega og Lyren stråler energien gennem Mælkevejen
følger tidslinjen - Orion, Sirius, Arcturus, Plejader
fokuserer ind gennem Venus til Jorden
Lemuria er skabt - foryngelsestemplet

Herfra arbejder vi i den nye energi
vi løfter universet, hæver vibrationen
transformerer alt inde fra, det er magien

Forbundet til centrum, hvor alt er forbundet
Lemuria rummer den indre jord
her gemmer sig kulturer
Mount Shasta kender det

Sidhe folk, ja alle indre jord eksistenser
I har gemt jer i tidernes morgen, træd frem
træd frem i lyset, det er tid at skabe et nyt univers
hvor alle har forstået, at vi er en del af noget større

Vi ér det meget større
det er ikke noget, der er derude
det er noget, der er derinde, inde i os selv
det er den højere bevidsthed, der vækkes og lever
vi ser det spejlet i rumskibe, galakse- og stjerneuniverser

Foryngelsestemplets magi ligger gemt derinde
gemt i overgivelsen til en kraft, der kommer fra centrum
gemt i at arbejde med eter, med plasma og kærlighed
som skabelsens elementer og som manifestation
ja, som tre grundelementer for skabelse

Her skabes alt, et nyt sjælsunivers
det kan transformere øjne, syn, alt
selvaccept, renselse, transformation
energien gør arbejdet, også i kroppen

Overgivelse transformerer alt
alt genskabes, alt heles igen
heling af øjne, lyske og hjerte

Lad energien vandre hvorhen den vil i din krop
kroppens magi er at acceptere og elske
kroppen reagerer i fryd på dette
hjertet åbner sig i indre glæde

Det er foryngelsestemplets magi
vi vil stråle, og mennesker vil forundres

Metamorfose 12

Kroppens JA til Gud

Stilheden, Tomheden, Intetheden
forbundet til Altet, Altet forbundet i mig
alt er forbundet. Alt er ét. Alle universer er ét

Min krop siger ja til Gud
lukker op i hvert eneste punkt
i hver eneste quark, elektron, nukleon
i brintatom, og inde i de større atomer
i molekyler og celler, i gener og DNA
de endokrine kirtler åbner for ånden
hormoner, organer, lemmer og krop

Organer er rensede, familiekarma opløst
nyrer, lever, galdeblære, urinveje
kønskirtler åbner i kærlighed
En ny fødsel er trådt ind
En ny fødsel af åndskraft
åbenbarer livet i sin storhed

Bevarer storheden i hjertet, åbner op
det er det eneste, der er at gøre
alt andet må ses i det lys

Der er ingen Gud udover den, vi er i Altet
al tings kilde åbner sig i menneskeheden
som en springende kilde pibler den frem
åbner i hjerte og hals, i pineal og i krone
forbinder os til det ene liv, det sande liv
manifesteret i os gennem millioner af år

Alt er Liv
der er ingen død
livet åbner sig i dig og mig
at gøre sig fortjent er unødvendigt
vi modtager kærligheden ubetinget, nu
den kærlighed, der er der hele tiden, overalt
den er fortjent, en gang for alle, som fødselsgave

Alle strømme samler sig i dig og mig
al karma er løst op, ja er fordampet
livet folder sig ud i indre glæde

Paradisets Have åbner sig på ny
Adam og Eva er forenede, er ét
det androgyne menneske er født i dig
det androgyne menneske er født i mig
vi er genforenede i enheden med Gud

Jeg er i min væren
jeg er den rene væren
jeg er Gud i mig, mig i Gud
inkarneret ind i denne krop
inkarneret ind i alle kroppe
ind i alt liv i hele universet

Alt er ét
i al evighed
forbundet i en enhed
kroppen åbner sig og siger ja
kroppen siger ja til transformationen
kroppen siger ja til enheden med universet

Kroppen ved besked om alt
kroppen véd, at Gud er i denne krop
og kroppen véd endda, at denne krop er Gud

Metamorfose 13

Integration i Intetheden

Jeg er i den nye energi
jeg er den nye energi
I AM Mahatma
Jeg er
I AM

Forbundet ind i Jorden
forbundet ind i kroppen
forbundet ind som menneskehed
som planeter, stjerner og som galakser

Forbundet som galaksehob, Laniakea
jeg forsvinder som i de sorte huller
forsvinder ud i nye dimensioner
forsvinder ud i Intetheden

Jeg er i Intetheden
at være den, jeg er
rummer magien
altings enhed

Det kan ikke forstås
det må ikke forstås
det skal mærkes

Enhver forståelse er begrænsning
forståelse er behov for tryghed
forstå dét er også at forstå
men på et nyt niveau

Martinus har set det hele
det er det, vi integrerer her
ikke som billede, ikke som syn
vi åbner og mærker her en energi
forbundet med Martinus' univers

Det er meget for en krop at integrere
det er en blød proces, en kold fusion
en rekalibrering af fysiske niveauer

Der er en energi så smuk
og den skal ikke ekspandere
den integrerer sig ind i din krop
det kræver tid, du er i inkarnation

Det er tid at give slip, at give over
give slip og lade energien virke
lade impulser komme inde fra

Metamorfose 14

Sangen om Livet på Jorden

En sang om et liv
et liv på en jord
en jord uden vold
en jord fyldt af fred

Det liv er I nogen
der skal folde ud
folde ud i det ydre
folde ud i det indre

Hør fuglenes sang
de synger her bagved
denne lydfil er livet
der flyder afsted

Men sangen skal synges
den skal synges ud
I skal træde frem
med alt hvad I har

Vi siger det til dig
men det må smitte af
smitte jer, som mærker
at her er der noget vigtigt

At livet i det høje
er livet her på Jord

At jorden er beregnet
til at folde noget ud

At I må være nogen
der skal leve livet
sådan som det leves
i den nære fremtid

I bærer det i hjertet
I vil se det ske
I vil se det blomstre
I vil se det løfte sig i verden ud

Og meget ændres, mens I er her
lever her på jord
tro det, om I vil
og følg det indre kald

Metamorfose 15

Alt er Nyt

Forbundet til en krop
i alle lag og alle dimensioner
forbundet til et felt af skabelse
forbundet til et felt af kærlighed

Træder ind i Intetheden
åbner til den magiske proces
en transformation af alt, der er
i Intetheden opløses og genfødes alt

Er i Intetheden, i the Big Bang
ud af Intetheden træder Altet
Altet skabt ud af det blå
alt skabt her på ny
du er skabelsen
medskaberen

Dette rækker langt ud over alt
rækker uden for det kendte univers
forbundet ind til parallelle universer
forbundet til de tachyoniske universer
forbundet til de åndelige universer, Gud

Koder frigives, energien strømmer
alt genskabes i de højere vibrationer

Menneskeheden vågner
nogen må gå foran, vise vejen
nogen må fortælle om det store, der er sket
det, der gør det muligt, at alt vil skabes forfra, nu

Videnskaben vågner, tro det
regeringsledere vågner, se det
magtforhold krakelerer, tag den
Vatikanet transformerer, støt dem

Krige stopper, livet blomstrer
kærlighedens kræfter tager over
kærligheden skaber alt det nye inde fra

Den frie energi bli'r nu sat fri
den kolde fusion er realitet
det er resultatet af det nye
det er medskabelsens magi

Menneskeheden møder her sin indre kraft
møder her det nye, antistof og mørke stof
det sker i den forening, der er sket i Altet
og der sker en indre renselse af lyset
det lys, der strømmer ind igennem

Skabelsen sker her i dette sekund
det tidløse forbinder sig ind i tid
forbinder sig med det univers, der er
et nyt multidimensionelt univers er skabt

Vi hviler her i en vibration
lader energien vandre stille
lader den vandre, hvorhen den vil
stadig med dig som stille energiholder

Metamorfose 16

Ånden i Stoffet – et Epos om Livet

Det handler om livet
om livet i centrum
et centrum i Altet
et centrum i cellen

Det liv, som vi kender
det findes derinde
det findes i cellen
derinde hvor kernen belives
belives af ånden i en resonans
den guddommelige kraft i funktion

Se kroppen, der lever
se liget ligger uden liv
den eneste forskel er ånden
ånden, der ikke drages i drættet
ånden har forladt hver eneste celle

En udånding er sket
har afsluttet et liv
men livet er evigt
thi ånden er evig

Ånden har trukket sig væk
er væk fra den krop, der bar
ånden vil atter vende tilbage
den vil belive celler og krop på ny
det er ånden, der er livet og livets essens

Ja, ånden er livet
den beliver os alle
den kraft lever i alle

Den kraft træder ind i et centrum
et centrum, der findes i cellen, i kernen
ja, det er magien, det holografiske princip
det centrum finder vi overalt, derinde i os selv

Men cellen er kernen i biologisk liv
den lever så længe, der er åndskraft til stede
og den dør så den dag, hvor ånden trækker væk

Det er den proces, vi kalder døden
selvom ånden er livet
og den er evig

Ånden lever
den vender tilbage
når vi ser det i jordisk perspektiv

Når vi ser det i et andet perspektiv
er ånden blot noget, som er
ånden er overalt, et felt
den fylder det hele

Vi trækker den ind hvert eneste minut
hver eneste gang, vi trækker vejret
et åndedrag, et åndedræt
en dragen ånden ind
et dræt af ånd
og uden dræt
ingen ånd
intet liv

Der er en ekstra pointe i dette
at vi lever i et åbent univers
at ånden gi'r kraft til kroppen
den forsyner cellen med energi

Ånden er vores livsenergi
og har ikke kunnet vejes
den er selve eksistensen
den er det eneste, der er

Det betyder noget for det fysiske univers
og det betyder noget for vores fortolkning
det betyder, at det fysiske univers er åbent
universet modtager energi derinde i centrum
ja inde i det centrum, der findes i cellen, i dig
inde i det magiske centrum, der findes overalt

Det findes inde i et centrum af alle galakser
og her har det fået navne som sorte huller
eller genparten, vi kalder for hvide huller

Og hvad betyder det så, at universet er åbent
betyder det noget, at det modtager energi
ja det betyder alt for vort liv her på jord
det er det, der giver os det fysiske liv
og det betyder, at vi har fri energi

Vi skal blot lære at fange energien
måske på den måde, som cellerne gør

Energien er uendelig og kan ej patenteres
og den dag, vi alle kan overgive os til det
og til troen på storheden i vores univers
at det langt overskrider al fantasi og alt
hvad vi har hørt fra naturvidenskaben

Ja, til den tid vil det ske
at vi har uendelig energi

Metamorfose 17

Magien i Intetheden

Træder ind i Intetheden
Intethedens magiske natur
oplever skabelsen af Altet
Altet fødes her i Intetheden

Mahatma fødes inde i mig
Mahatma fødes inde i dig
et åndsunivers af skabelse
et univers af kraft og kærlighed

Tomhedens mysterium er at åbne op
at åbne til Intetheden, en singularitet
at være en singularitet i et univers
en singularitet, hvor vi træder ind
og kommer ud i andre universer

Singulariteter er som fødsel og død
hvad vil det da sige, fødsel og død
hvad vil det sige os om Intetheden

Når du træder ind, forsvinder du, som at dø
der er intet tilbage af den, der går derind
der sker en magisk transformation
og Altet er det, der kommer ud
du kommer ud igen som Altet
det er magien i Intetheden

I videnskabens fattige sprog er det som det sorte hul
det opsluger alt og sender det ud igen som det hvide hul
det ses som sort hul i den ene ende og et hvidt hul i den anden

Det er en oplevelse og en mulig fortolkning
er det vor forbindelse til Andromeda
en forbindelse i vor bevidsthed
og vores fysiske forbindelse

hvem ved
mærk

Metamorfose 17 A

Andromeda - bevidstheden

Alle centre er forbundne
alle centre af galakser er forbundne
som et træ med grene, kviste, blade, blomster
mærker de hinanden gennem dette ene centrum

Og er du den, der rejser i bevidstheden rundt
bevæger du dig omkring i et indre univers
det er spejlet som alt det, du ser derude
du ser det som solen og som stjerner
du ser det som de fjerne galakser
og som quasarer og Big Bang

Da Vinci og Niels Bohr og mange fler'
de er kommet til jorden ad den vej
fra Andromeda via stjernerne
og måske er du det samme
det er shamanernes magi

Shamanernes magi er at kende til dette
at kende det - og at kunne operere med det
rejse rundt og træde ind og ud af dimensioner
og samtidig være knyttet ind til kroppen hele tiden
leve i det store univers, og mærke dets storslåede magi

At mærke dette, at leve dette, er en gave, mange har fra fødslen
der er meget, der skal renses væk, før vi kan realisere det
realisere vores væren og vores fulde potentiale

Der er intet, der skal skjules
der er ingen grund til nølen, alt skal frem

Vi må træde frem som dem vi er, og lade energien smitte
smitte gennem sandhed, dette stærke væsen
en indre resonans er vor forbindelse
er det, der skaber al kontakt

Metamorfose 17 B

Resonans og Sandhed

Resonansen virker i fysikken, ja i kvanteelektrodynamikken
som er noget af det dybeste, vi kender i fysikkens verden
og den virker mellem mennesker og vores energier

Det nye er at overgive os til denne form for sandhed
at resonans er genklang, genkendelse i dit indre
at lære resonans som udtryk for en sandhed
at resonans er kroppens indre sandhed
at resonans dermed er dit instrument

Mange tager afstand her på grund af frygten
mon det koster viden og mentale evner

Styrken ligger i at kombinere dette
omkode det system, der styrer hjernen
at se og slippe denne gamle faste matrix
og åbne for resonansens form for sandhed

Det er at åbne for den høje strøm
lade den transformere celler og atomer
gøre dem til transformatorer af livets energi
fange al den energi, der strømmer ind fra kosmos

Det er en omstilling af det mentale jeg
det er en omstilling, vi skal erfare først
ingen kan gøre det via egen beslutning
det må erfares, bedst gennem meditation

Forbind dig med dine celler, med atomer, nukleoner
mærke at de jubler, når du kontakter dem fra hjertet
kontakter dem med ønsket om at mærke universet
mærke storheden i kosmos, at det er en del af dig

Opleve at den kraft, der ligger bag ved dette
opleve at det er den rene kærlighed
at alt rummes i den kærlighed

Metamorfose 18

Sundhed og den nye Jord

Forbinder mig med Intetheden
træder ind i Intetheden
kommer ud som Altet

Her finder vi den nye form for sandhed
her finder vi den nye form for sundhed

Den fulde sandhed er at være ét med Gud
den fulde sundhed er at være ét med Gud

At være ét med Gud
vil åbne for det tredje øje
at være ét med Gud vil åbne alt
åbne for det nye syn på, hvem vi er

Her er vi ét med Altet
her er vi ét med Gud

Det er det nye syn på livet
det er det nye syn, der heler alt

Her er ingen elementer
her er ingen universer

I Altet er alt ét

Dette er det nye barn
det nye barn er født i kærlighed
den nye jord er skabt i dig og skabt i mange

Jorden vil folde sig ud på ny
på tværs af alt, der sker derude
på tværs af klima og robotter
på tværs af magt, begærlighed

Og I vil altid komme her tilbage
løfte jorden til den nye vibration

Her kan ikke siges mere
her er stilhed
væren

Metamorfose 18 A

Uendeligheden

I Uendeligheden åbenbarer livet sig på ordløse måder

ja Uendeligheden åbenbarer sig på ordløse måder

på måder intet menneske skal bekymre sig om

lad det folde sig ud i den takt, det vil ske

Gem disse ord i dit hjerte

fold dem ud I dit liv

Metamorfose 19

Alt er Genfødt

Jeg er Alt og Intet
smeltet sammen, ét
i enhed med kroppen
i enhed med Gud
en ny begyndelse

Intetheden var fødselskanalen
Altet er født ad den vej, i dig, i mig

Træder ind i Intetheden - her udviskes alt
her genskaber Gud sig selv som lys
et lys, der former sig i Altet

Altet tager form, det nye univers
tager form igennem elementer syv
tager form som kærlighedens kraft
som plasma med den hellige geometri
den geometri rummer skabelsens koder

Tager form som eterelement, og som eterisk felt
den nye jord, ja det nye univers er skabt eterisk

Det gælder eterisk, som element
og det gælder i selve eteren
den kan du mærke

Det nye er skabt i elektromagnetisk form
og det er skabt i alle kvantefelter

Det amorfe kulstof bliver til krystal
den krystallinske diamant er skabt i det nye univers

Den nye jord og himmel er ét
smeltet sammen i den rene søjle
søjlen er som en strøm af ren krystal
den passerer gennem rygsøjlen ned
den universelle rygsøjle er skabt

Den ligger i dig, den ligger i mig
den ryster det enkelte menneske
som en vibration trænger den ind
skaber den nye krop i dig og i mig

Den, der lever
i den vibration
kan også leve af lys

Lys taget ind gennem kronen
lys som den rene strøm af krystal

Strømmen føres af rygsøjlen ned gennem kroppen
strømmen løber videre til centrum af jorden
udstråler undervejs sin kraft ud til os
stråler ud gennem et plasmalag
et lag med skabelseskoder

Det giver næring og form til en krop
til det ny væsen, der forstår sig selv
ja ser sig selv som i enhed med alt

Her er ingen mand eller kvinde
her er det ny menneske, androgynt
det ny menneske kan befrugte sig selv
og føde de børn, der for alvor er brug for

Det menneske behersker fødsel og død
og det mærker selv, hvornår det er tid
tid at gå over, fordi det er fuldbragt
og andre skal have plads på Jorden

Den nye tid er nu skabt på jord
den vil blomstre frem på sin måde
energien vil finde sin vej i leg med dig
og i leg med milliarder af mennesker
i leg med dyr, med alfer og engle
ja med alle de væsner, vi kender

For det skal du vide, det her rækker ud
det rækker ud over alle dimensioner
og langt ud over det kendte univers
hvad enten vi taler mikro eller makro

For enheden af Altet og Intethed
var den proces, der skabte det nye
det nye er skabt i alle dimensioner
er skabt i bevidsthedens mange lag
fra quarks til nukleoner og atomer
til celler, kirtler og alle organer
til bindevæv, sener og blod
til nervesystem og skelet
ja til den hele krop

Og det er skabt som en fødsel af det nye
som et nyt Big Bang i vores makrounivers
det skaber gennem plasma og de sorte huller
skaber quasarer, galakser og de mange stjerner
skaber solen med planeter og med måner
alt er genskabt i den nye vibration
og vil tage form efter denne

Det er skabt på denne klode
og dermed skabt i alle os
det er skabt i dig og mig

Det her er ord og dermed energi
mærk de ord med alle dine sanser

Mærk dem i dit hjerte og mærk dem i din krop
at fra isse og til fod vil der ske transformation

Sig blot ja til dine celler
og giv du blot dit ja til blodet

Lad nu blodet sige ja
og lad dine celler sige ja
sige ja og mærke, hvad der sker
at det er Gud, der inkarnerer her på jord
inkarnerer som en helt ny projektion af sig selv

Gud har skabt sig selv på ny
og det er netop sket i dette nu
menneskeheden har gjort sig klar
vi har gjort os klar, vi vil bære dette

Lad det ske i dig og lad det ske i mig
det vil ske i hver og én, der siger ja
siger ja til at være med på rejsen
med på rejsen ind i os selv

Stilhed

Ordliste

Elders, The Elders er kosmiske væsner fra tidernes morgen. Ren energi.

Holografisk princip er, at helheden findes i hvert punkt. Et hologram er et fotografi, hvor billedet, hologrammet, kommer frem tredimensionelt, når det belyses med en laserstråle. Og laserstrålen kan ramme et vilkårligt sted på hologrammet – og vi ser hele billedet hver gang. Hele billedet er gemt i hvert punkt.

Intetheden er tomrummet mellem det 12. og 13. trin på jakobsstigen, den stige der forbinder Himmel og Jord.

Kvanteelektrodynamik er en kvantefeltteori, der handler om elektromagnetiske vekselvirkninger mellem elementarpartikler, især elektroner og deres antipartikler, positronerne.

Laniakea er navnet på den galaksehob, Mælkevejen tilhører.

Martinus dansk forfatter og åndsforsker (1890-1981). Martinus har beskrevet et samlet åndsvidenskabeligt verdensbillede, en helhedsforklaring på tilværelsen. En tro på et bevidsthedsliv, der er baseret på en intuitiv erkendelse. Disse metamorfoser er blevet til gennem en sådan intuitiv erkendelse.

Quasarer eller kvasarer er nogle af de mest lysstærke objekter, vi kender. De befinder sig meget langt væk, i centrum af fjerne galakser. De består af et sort hul med en omkringliggende skive af gas, der gradvist falder ind i det sorte hul. Jeg benytter det engelske ord med Q, som bærer en helt anden energi i sig end det danske med k.

Paralleluniverser
Hypotesen om paralleluniverser er en unik kombination af relativitetsteorien og kvantefysik. Idéen er, at der ikke kun findes et univers, men flere, som eksisterer samtidig, i samme tid og rum At vi alle lever mange liv samtidig, i forskellige universer.

Paralleluniverser kan ikke opdages ifølge fysikere. Men de kan opleves i bevidsthedsrejser.

Rekalibrering betyder ny-justering: I takt med evolutionen skal vi alle justere vores tanker, krop og energisystem. Eksempel: Der kan være modstand mod at tage disse tekster ind, endda en kropslig mærkbar modstand. Kroppen og vores energisystem skal vænne sig til dem og justere sig ind, rekalibrere.

Mahatma Mahatma vejen er en indre vej med 352 trin på jakobsstigen. Den er introduceret af Brian Grattan i bogen Mahatma I + II.

Multidimensionelt vi arbejder her i et univers med mindst 13 dimensioner: et 12 dimensionelt sjælsunivers, og ud over det ligger et åndsunivers med et ukendt antal dimensioner.

Sidhe-folket (udtales shiih) lever under jorden i en usynlig verden, der sameksisterer med menneskers verden. Flere og flere mennesker får kontakt med Sidhe folket.

Singulariteter omtales i mm 17 som en fødsel og død. Egentlig er det et matematisk begreb for det uendelige i et punkt. Denne uendelighed tolkes så af fysikerne for at bygge et verdensbillede, vi kan forstå. Big Bang, sorte huller og ormehuller er sådanne tolkninger af matematiske løsninger til Einsteins feltligning.

Spiritualitet er en personligt baseret erfaringsverden, der har sin stærke begrundelse i, at vi finder vores sande identitet ved at søge indad i bevidsthedens mange lag. Bevidsthed er energi og vibration, der kan erfares med sanser ud over de fem almindeligste.

Tachyonisk (15). Tachyoner er overlyspartikler, der kan eksistere i overensstemmelse med Einsteins relativitetsteori. I tachyoniske universer bevæger alt sig med overlyshastighed.

Efterord

Disse metamorfoser er samlet i kronologisk rækkefølge, fordi de spejler en fortløbende proces, trods deres forskellige temaer. Det er temaer, der også er berørt i den første samling, De Syv Vise. Og nogle temaer vil dukke op igen i en tredje samling.

Denne tredje samling, Det Evige NU – Den Ny Verdens Spiritualitet, er sidste del af en trilogi. Den udkommer 5. maj 2020.

Den vil koncentrere sig om perioden omkring jul og nytår 2019 og rumme en forening af Kristusimpuls og Buddhafelt som udgangspunkt for en ny verdensreligion: den ny tids spiritualitet. At det hele findes inde i os selv, og at vi skal erfare det hele inde fra.

Der vil være en metamorfose, hvor vi træder ind i opstandelsen, og det hele slutter med metamorfosen:
Livskunst og Den Ny Verdens Spiritualitet,
Kunsten er at finde det flow, der er sandt.

Et gennemgående tema i de tre små bøger med metamorfoser er "Det Kymiske Bryllup". Det indgår også som en vigtig del af den tredje samling. Jeg sætter derfor begrebet i perspektiv i et afsnit om kosmologi, sidst i denne bog.

Hvert ord i disse metamorfoser er energi, er som en port ind til noget dybere. Og hver metamorfose har en fælles energi. Du kan derfor arbejde videre med metamorfoserne, sådan som det er beskrevet i disse tre små energiøvelser.

Tre energi-øvelser med metamorfoserne

De tre øvelser kan bruges i forbindelse med læsningen af metamorfoserne:

Øvelse 1

Når du har læst en metamorfose, kan du sætte dig og mærke hvad der sker i dig, 2-5 min.

Øvelse 2

Du kan senere vende tilbage og meditativt forbinde dig med en metamorfoses energi , eksempelvis med ordene:
Jeg forbinder mig med metamorfosen ... (nr. og/eller navn)
Eller du kan forbinde dig med den på din egen måde.
Du kan være i det 2-5 min, eller så længe du synes.

Øvelse 3

Når du har læst dem alle og måske udført øvelse nr. 2 med dem hver for sig, kan du forbinde dig med hele samlingen på én gang med ordene:
Jeg forbinder mig med Magien i Intetheden.
Vær i det 2-5 min eller så længe du synes.

Kosmologi -Verdensbilledet II:

Det Kymiske Bryllup
Seksualitet i et udviklingsperspektiv

Det er livskunst at gøre modsætninger til vækst. At se al polaritet som mulighed for udvikling. Polaritet er en drivkraft for evolutionen. Og det gælder, uanset om vi taler om konflikter med krige og slagsmål, eller om vi taler om mødet mellem mand og kvinde.

Mødet mellem mand og kvinde rummer et udviklingspotentiale, at skabe en dybere samhørighed og enhed i såvel det daglige liv som i det seksuelle rum. Det handler i sidste ende om at skabe enhed inde i os selv, hver især, at møde vores indre genpart af det modsatte køn. Og forene os med det, som det kan ske gennem seksualitet, ikke mindst gennem tantra og indre tantra.

Og dette indre møde kan ske på mange bevidsthedsniveauer. Det handler ikke kun om køn og seksualitet, om mødet mellem mand og kvinde. Det handler om noget dybere, om et møde mellem maskuline og feminine poler, der ligger langt ud over vore personligheder, men som vi har i os:

> Mælkevejen danser med Andromeda i en kosmisk dans
> Mælkevejen og Andromeda forenes, de føder et barn

Og

> Kosmos besvangres
> Kosmos besvangret indefra
> en kosmisk fødsel er undervejs

Det er processer, der opstår ud af polariteter i de højere bevidsthedslag, der er manifesteret som stjerner, galakser og kosmos, alt sammen blot forskellige vibrationer i vores højere bevidsthed.

> Paradisets Have åbner sig på ny
> Adam og Eva er forenede, er ét
> det androgyne menneske er født i dig
> det androgyne menneske er født i mig
> vi er genforenede i enhed, vi er ét med Gud

og i et andet energiniveau:

> Jeg er Alt og Intet
> smeltet sammen, ét

Det er sådanne processer, der åbner for fødslen af en åndskraft, med Intetheden som fødselskanal. Og i sidste ende åbne for, at vi kan være i enhed med Gud, inde i os selv. Det er fødslen af det Ny Menneske, det androgyne menneske, der sker gennem denne proces, som er en alkymisk proces, kaldet det indre bryllup eller Det Kymiske Bryllup.